CRÍAS DE ANIMALES

ASIA

TÁNDEM SECEDA   ESTER GARCÍA

CRÍAS DE ANIMALES
ASIA

¿Quién soy?

FAKTORÍA K DE LIBROS

Nací pequeñito, ciego y casi sin pelo.
Cuando deje de mamar,
me pasaré el día entero sentado
comiendo bambú.

¿Quién soy?

Soy el oso panda.

Tenemos el pelo con manchas blancas y negras,

así nos camuflamos entre la nieve

y las cañas de bambú.

No paramos de comer en todo el año.

¡Nosotros no hibernamos como los demás osos!

¿Sabes cómo sujetamos las cañas de bambú al comer?

[Con la ayuda de un sexto dedo que tenemos en las manos, cerca de la muñeca]

Vivo en las montañas de Japón y soy muy inteligente.

Juego mucho con mis amigos.

En invierno, hacemos bolas de nieve

y nos las lanzamos o las tiramos cuesta abajo.

¿Quién soy?

Soy el macaco japonés.

Tenemos el cuerpo cubierto
de un pelaje abundante y muy espeso.
Cuando hace mucho frío, nos abrazamos
o nos bañamos en las charcas de agua caliente
que hay cerca de los volcanes.

¿Sabes por qué nos llaman «macaco de cara roja»?

[Porque tenemos la cara de color rojo. Y el trasero, también]

Tengo las cejas gruesas y las pestañas muy largas,

por eso no me entra arena en los ojos cuando hay viento.

De mayor, tendré una sola joroba

y no dos, como los camellos.

¿Quién soy?

Soy el dromedario.

Vivimos en rebaños

formados por un macho, varias hembras y sus crías.

Hacemos largos viajes por el desierto, sin comer y sin beber.

Cuando llegamos a un oasis,

bebemos agua sin parar durante mucho tiempo.

¿Sabes dónde almacenamos toda el agua que bebemos?

[En el estómago. En la joroba almacenamos grasa]

Duermo de día,

colgado boca abajo de la rama de un árbol.

De noche, me gusta volar

agarrado a la barriga de mi mamá.

Soy el zorro volador.

Somos los murciélagos más grandes del mundo.

Nuestras alas están formadas por enormes membranas de piel

que tenemos entre los dedos.

Son tan grandes como las alas de un águila.

De noche, salimos en bandadas a buscar frutos para comer.

Somos murciélagos y nos llaman zorros, ¿sabes por qué?

[Porque tenemos el aspecto de un zorro, pero con alas y sin cola]

Mis enormes ojos brillan en la oscuridad
y me permiten ver tan bien de noche como de día.
Me encanta observar e imitar a mi madre cuando caza,
así aprendo yo también.

¿Quién soy?

Soy el tigre.

Somos los felinos más grandes de Asia.

Nuestro rugido retumba como un trueno en toda la selva.

Nadamos muy bien, corremos a gran velocidad

y podemos saltar hasta por encima de un autobús.

¿Sabes cómo se puede diferenciar un tigre de otro?

[Por las rayas. Son como nuestras huellas dactilares. Cada tigre es único]

Me paso el día saltando de rama en rama

jugando, curioseando y buscando fruta.

Por la noche, duermo en un nido muy cómodo

que mi madre prepara cada día con hojas y ramas.

¿Quién soy?

Soy el orangután.

Nuestro nombre significa «persona de los bosques».

Casi nunca bajamos de los árboles. No nos gusta caminar.

Tenemos los brazos más largos que las piernas,

por eso somos grandes trapecistas.

¿Sabes cómo nos protegemos de la lluvia?

[Con una hoja muy grande que usamos de paraguas]

Puedo hablar, pero no soy un loro.

De mayor, voy a tener una bonita cresta

de plumas amarillas.

Soy muy sociable y cariñosa.

¿Quién soy?

Soy la cacatúa filipina.

Volamos en grandes bandadas

en busca de semillas, flores y frutos.

Nos encanta ir a comer a los campos de arroz y de maíz.

Cuando estamos todas juntas,

hacemos un ruido tremendo.

¿Sabes cómo mostramos que estamos contentas?

[Dando silbidos, erizando la cresta y moviendo la cola de un lado a otro]

Los siete animales que has descubierto en este libro viven en Asia.

Asia es el continente más grande del mundo.
Allí se encuentran las montañas más altas,
los desiertos más áridos y las selvas más impenetrables.
Asia es también el lugar donde viven la mayoría de los seres humanos.

La contaminación, la tala masiva de los bosques y la caza ilegal
ponen en peligro la fauna que habita estos territorios.

Tenemos que proteger los ecosistemas y colaborar
para que animales como el zorro volador,
la cacatúa filipina o el macaco japonés
no sean cazados, metidos en jaulas y vendidos en tiendas de mascotas,
porque tienen derecho a vivir en su hábitat natural.